Minha liberdade não te serve

Minha liberdade não te serve

Mariana Felix

wmf **martinsfontes**

© 2023, Editora WMF Martins Fontes Ltda., São Paulo, para a presente edição.

Todos os direitos reservados. Este livro não pode ser reproduzido, no todo ou em parte, armazenado em sistemas eletrônicos recuperáveis nem transmitido por nenhuma forma ou meio eletrônico, mecânico ou outros, sem a prévia autorização por escrito do editor.

1ª edição 2023

Edição e preparação de textos
Nina Rizzi
Acompanhamento editorial
Helena Guimarães Bittencourt
Revisões
Marisa Rosa Teixeira
Beatriz de Freitas Moreira
Produção gráfica
Geraldo Alves
Paginação
Moacir Katsumi Matsusaki
Capa e projeto gráfico
Gisleine Scandiuzzi
Ilustrações
Thaís Silva

Dados Internacionais de Catalogação na Publicação (CIP)
(Câmara Brasileira do Livro, SP, Brasil)

Felix, Mariana
  Minha liberdade não te serve / Mariana Felix. – São Paulo : Editora WMF Martins Fontes, 2023.

  ISBN 978-85-469-0495-2

  1. Poesia brasileira I. Título.

23-171918   CDD-B869.1

Índices para catálogo sistemático:
1. Poesia : Literatura brasileira   B869.1

Cibele Maria Dias – Bibliotecária – CRB-8/9427

Todos os direitos desta edição reservados à
Editora WMF Martins Fontes Ltda.
Rua Prof. Laerte Ramos de Carvalho, 133 01325-030 São Paulo SP Brasil
Tel. (11) 3293-8150 e-mail: info@wmfmartinsfontes.com.br
http://www.wmfmartinsfontes.com.br

Sumário

Apresentação, por Luiza Romão 7

1 Cantigas de luta 13

2 Cantigas de desamor 55

3 Cantigas de autocuidado 97

4 Cantigas de bem-querença 131

Cantiga de agradecimento 155

Apresentação

É impossível prefaciar *Minha liberdade não te serve* sem antes retomar algumas das tantas cenas que compartilhei com Mariana Felix nestes quase dez anos de corre, amizade e poesia. Lembro de suas primeiras apresentações no Slam da Guilhermina: a forma como Mari elaborava, diante da plateia embevecida, sua experiência como inspetora escolar, propondo, na contramão dos cânones literários, uma poesia viva, pulsante e periférica. Também me recordo de suas performances na Praça Roosevelt durante o Slam Resistência. Sob sua regência, o público repetia de memória os *punchlines* certeiros de "Poesia das músicas" e "Fragmentos" (poemas que inclusive compõem este livro). E o que dizer das tantas banquinhas de venda que dividimos ("Mari, você me empresta a maquininha?") e da fila de fãs que se formava para pegar seu autógrafo ao fim dos *slams* e microfones abertos?

Nesses anos, vi os poemas da Mari inspirarem uma geração de jovens e adolescentes, viralizarem na Internet, virarem cartazes de manifestação e até tatuagens. Seja em escolas, redes sociais, praças ou teatros, Mari Felix é potência. Seus versos criam pontes, colocam o dedo na ferida, acolhem e incomodam. São papo reto e também aconchego para corações machucados. Nesse sentido, *Minha liberdade não te serve* fortalece sua caminhada sólida de publicações e performances faladas, reunindo as diversas facetas da poeta num só volume. Dos poemas-pedradas aos textos eróticos, das reflexões íntimas às experimentações visuais, este é um trabalho para ser descoberto pouco a pouco, compartilhado com as amizades, declamado nos saraus e enviado por DM para *crushs*.

A começar pelo título e o duplo sentido de verbo *servir*, a poeta rejeita os padrões de beleza e as posições subalternizadas que historicamente são atribuídas ao gênero feminino. Sua liberdade não está a serviço das expectativas impostas; o padrão "fitness de academia/ Padrão tamanho 38/ Padrão sem celulites e estrias/ Padrão silêncio" não lhe cabe. Como dizem os versos finais da obra, Mari é "perita na arte de derrubar a estética dos [seus] padrões" patriarcais e racistas.

Com versos cortantes e um ritmo que cativa, o livro propõe um percurso dividido em quatro partes. No primeiro capítulo, "cantigas de luta", Mari versa sobre o direito ao corpo, rechaçando a cultura do estupro e a naturalização do assédio. Os poemas dão a letra, interpondo-se a uma realidade que nos faz reclamar o óbvio: "Não é você quem decide quando posso falar". Ao longo dos textos, as cenas cotidianas e domésticas se misturam às experiências no espaço público e, para frisar o aspecto coletivo da luta feminista, Mari evoca outras mulheres que lhe inspiraram na caminhada e na poesia. Em "Um tanto ficou de quem foi", por exemplo, reverencia Maurinete Lima (socióloga, cofundadora da Frente 3 de Fevereiro e poeta icônica na cena dos *slams*) e, em "Marias", saúda figuras históricas (como Rosa Parks e Joana D'Arc) e parcerias da arte e do ativismo (como Cristina, Queila e Tayla Fernandes Ashanti).

Em "Receita", o passo a passo culinário transforma-se na história de uma personagem que "bota fogo na própria casa" e recusa uma relação baseada na culpa, no remorso e na violência, conquistando a felicidade ao tornar-se mulher da própria vida. Por fim, o capítulo realiza uma incursão no imaginário musical brasileiro e em canções que reforçam estereótipos sexistas. Através de releituras, *samples* e paródias, Mari Felix faz um inventário de letras e melodias que povoaram a infância de muitas meninas e garotas, deslocando o sentido original e acenando para outras representações de gênero: "Dói, o seu tapa me dói,/ O seu tapa me dói/ E eu vou logo ligar 180!"

Já o segundo capítulo, "cantigas de desamor", Mari realiza um raio-X das relações amorosas, denunciando dinâmicas tóxicas no âmbito afetivo-sexual. Ao desmantelar o mito do amor romântico, as narrativas colocam uma lupa em detalhes aparentemente fortuitos, mas que, quando olhados atentamente, configuram-se como "sinais vermelhos". É um alerta às leitoras: falta de respeito não é amor. Do abuso psicológico à violência física, Mari Felix retrata relações de dominação e dependência, incentivando a autonomia e a liberdade: "Não deixe as digitais dele criarem marca em seu pescoço./ Voa passarinha!/ Carrega na asa a coragem e suas crias". Em "Fabiana", a poeta escolhe a terceira pessoa para narrar a história de uma vítima de abuso que tenta interromper a gravidez indesejada. Em um país em que a discussão pela descriminilização do aborto ainda não ocupou a agenda pública, sendo tratada como questão moral-religiosa ao invés de uma questão de saúde pública, esse poema hermana-se com a maré verde feminista latino-americana: "Que sea ley".

Após mergulharmos em temas tão densos, "cantigas de autocuidado" torna-se um respiro no livro. No terceiro capítulo, Mari Felix nos apresenta a sua maestria com aforismas e reflexões íntimas. Os dezesseis poemas que compõem essa parte criam um mosaico sobre partidas, permanências, distâncias e silêncio. É sobre o desejo de estar, mas também a iminência da partida. É abraço e mantra, como "Lembrete: cuidar bem dos meus joelhos".

Nesse *flow* de poemas curtos e de autopercepção, chegamos em "cantigas de bem-querença". Com humor e sensualidade, Mari Felix reflete sobre a felicidade cotidiana, o não saber e a maturidade. Os poemas calibram paixão e ausência, erotismo e solidão, como em "Tu me plais beaucoup": "Com paciência te quero/ Se não é possível voltar, é no presente que te espero". E é com um "avisa geral" que Mari termina o livro. Seus últimos versos frisam seu pertencimento à poesia marginal periférica, produzida nas quebradas, nas rodas de *slam*, nas trincheiras políticas e nas escolas. Não à toa, Mari cita dois poetas do movimento: um, referência das antigas, e outro, da novíssima geração. Salve Sérgio Vaz, criador da Cooperifa, e salve Nuel, poeta dos *slams*.

Afinal, é nessa rede coletiva que a poesia falada se espalha.

É nessas rodas que a liberdade é construída.

Salve, Mari Felix e suas palavras insurgentes!

Luiza Romão
setembro 2023

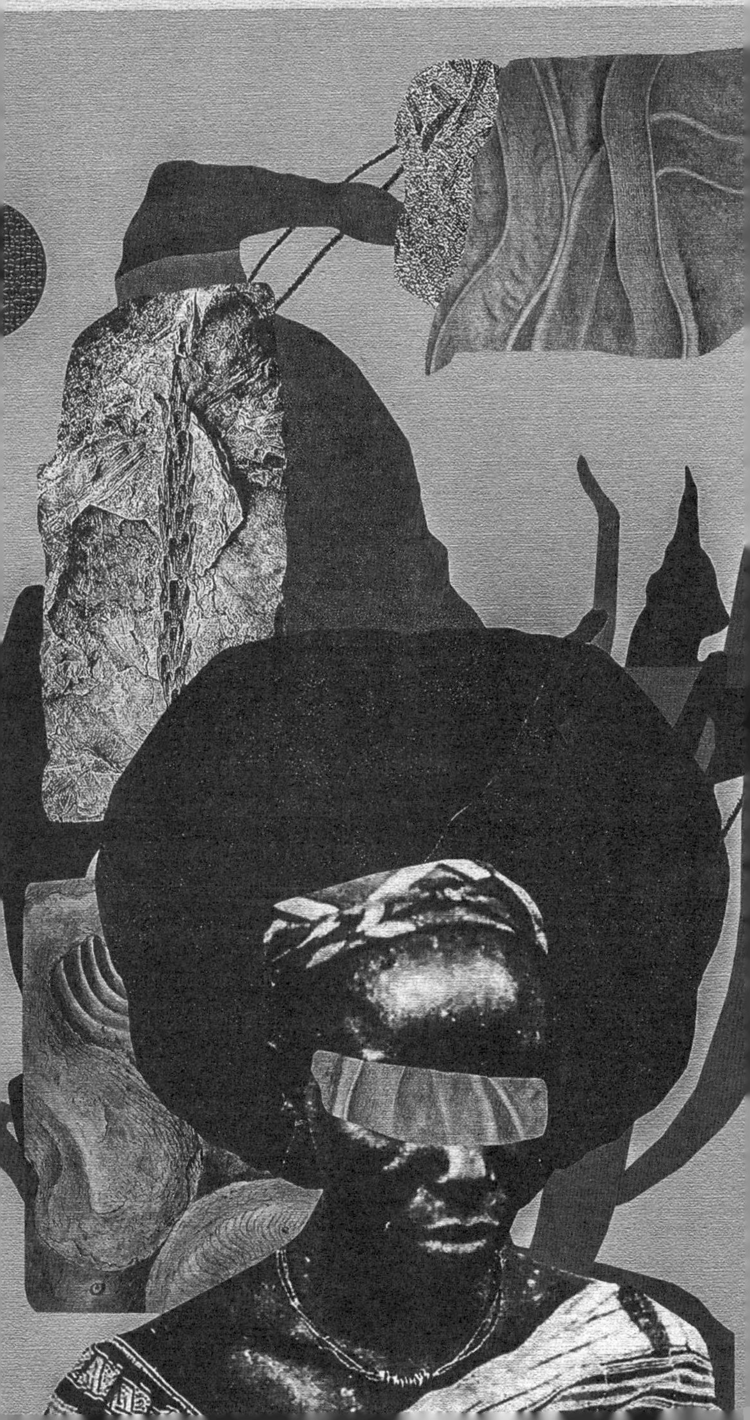

1
cantigas de luta

Revolución

Ser mulher não é sobre sangrar
É sobre se partir da condição sujeita
Onde tudo tem jeito certo de agir
Meu silêncio diz quem sou eu
Observo bem os olhares que me tocam
Dentro do elevador
Eles me invadem feito uma guerra
Mas esse corpo-território é meu
Tire suas mãos de minhas pernas
Carrego comigo palavras flecha
A ancestralidade me cerca
Me protege em meio às quedas
Quantos estupros na cama?
Chorei mares e rios
Na mesma água que me banha
Que me salva
Cura a você mesma, mulher
Não é sobre usar saias
Parte dessa lógica que não te pertence
Quem a escreveu quer te devorar com os próprios dentes
Te fatiar aos poucos enquanto nossos gritos de socorro permanecem ocos
Ainda vão dizer que são gritos loucos
Mulher, me ouça, não fique nem mais um pouco

Parta dessa casa que se diz morada, mas que te grita o quanto você é ingrata
Eles não nos conhecem
Insistem em ver pecado até nas nossas preces
Ninguém nunca mais me obriga a tirar a roupa
Senão feito Naia te arranco o pau com a boca
Não me teste ou morra
Que hoje eu vim anunciar
Nós vamos partir e ninguém vai nos contrariar
As que não entenderem nós vamos levar
Depois em roda de diálogo vamos explicar
Mas para os homens não vamos nem desenhar
Vamos atear fogo na cidade de quem ficar
Vocês vão saber o que é sofrer por simplesmente querer estar
Quantos de vocês nos abusaram dentro do nosso próprio lar
Não vai ter chave que tranque
Não vai ter soco que impeça
Cada mulher que partir essa noite estará liberta
Resgataremos uma por uma
A poesia é cura
vive la liberté des femmes
long live women's freedom
viva la libertà delle donne
Nós vamos partir e eles não vão saber nem para onde

Venham com pelos, desejos e pensamentos livres
Querem nos matar

Mas dentro da gente a liberdade persiste
Permaneça viva!
É com esse mantra que você vai alimentar sua filha
Tragam seus meninos
Longe dos misóginos vamos construir um mundo lindo
É sobre partir mesmo querendo ficar
Não se sinta sozinha
Dentro de si mesma é o seu lugar
Não desiste!!
Porque la revolución es ser una mujer libre
Chore a dor do parto
O pai Brasil insiste em ter filhos bastardos nascidos do abuso
Indígenas estarão conosco
Aldeiaremos nosso futuro
Sem misoginia
Não serão nossas bucetas nem a ausência delas
Que vão determinar como viveremos nossas vidas
Decreto hoje:
Toda mulher partida
Será inteira nesta mesma vida.

Um tanto ficou de quem foi

Tempos atrás conheci uma griot

Ela me abraçou

Sua voz baixinha tinha seu próprio compasso

Ela segurou nas minhas mãos e disse

Que mesmo não sendo tão jovem quanto eu

Carregava os mesmos sonhos

E eu sei que sonhos não têm idade

Por isso nenhum dos nossos merece o abandono

Vou te dizer que ela era bem da fofinha

Toda senhorinha

Nome: Maurinete Lima

Encontrei com ela menos vezes do que gostaria

Mas tive a honra de ouvir suas palavras

Enquanto ainda estava viva, sabia?

Era recifense, professora e ativista

Contou que a senzala não acabou

Só mudou de morada!

E foi a coisa mais linda ver alguém de sua idade brincar com as palavras

Ser poesia!

Ela disse que a literatura era minha amiga

E não é que tinha razão?

Estamos portando revolução

Sem armas nas mãos

Dona Maurinete carregava saberes
Sempre que a encontrava ela parecia contente
Publicou seu primeiro livro aos 74 anos
E você, perdendo tempo aí só reclamando?!
Ela queria entrar para o badalado rol de poetas deste país
E eu sei que já entrou, ela é mãe África, é raiz
Gostaria de poder me despedir
Dizer que todas as vezes em que eu a ouvi
Uma fé foi alimentada em mim
De que não somos invisíveis
A luz da sua pele preta
Me fez ter referências de minhas origens
Nós, sem a sabedoria da idade,
Ficamos nos atropelando com as palavras
E ela nos ensinando com a humildade
De quem já foi silenciada
Mas sabia ser escuta e fala
Não preciso te eternizar nesses versos
A senhora já escreveu os seus
Se sonho de poeta é ser lida
Felicidade é poder tê-la lido antes do adeus.

Poesia em memória da poeta Maurinete Lima

Marias

Hoje eu vou girar a saia! Rodar a baiana
Vou ser dama e puta na rua, não só na cama
Eu não sou de bater panela para exigir melhoria
Hoje eu vim foi armada de Maria Bonita
Bicho solto, sem coleira, sem dono
Sou Cleópatra e escolho meus Antônios
Sou Olga terrorista, socialista
E com ou sem Carlos que preste
Sigo minha vida.
Sou Rosa Parks, lutando por espaços
Que você diz que não me cabem
Desacompanhada não me estranhe
Não é só força bruta que derruba homens
Sou o beijo que acaba com a sede de desejo
Majestade em minhas curvas
Rasgo fitas métricas
Não me envergonho em frente ao espelho
Sou mãe, sou filha
Só não sou Virgem Maria
Eu estou no rosto de todas pelas cidades
Hoje como sempre é nosso dia
Brindemos nossa liberdade
Conquistada diariamente

Somos Revolução, mais forte que a Semana de Arte Moderna
Sou Pagu, eu já disse, não abro mão!
Não duvide que rebolo até o chão
Mas não sou ingênua, se contenha
Também conheço a Constituição
Que diz que temos direitos iguais
Então meça suas palavras,
Não sou obrigada às suas cantadas baratas, rapaz!
Apague sua fogueira
Sou Joana D'Arc
Sou bruxa
Sou barraqueira
A hora é da estrela
Igual a Macabéa
Minha arma é papel e caneta
Deusa Lua
Te envolvo em minhas marés
Como Iemanjá no mar que te puxa
Areia que cobre seus pés
Então se renda ao nosso canto
Somos sereias
Brasileiras... Pamela, somos Espertirina
Forte como Tayla Fernandes Ashanti! Companheira de vida
Doce como os versos de Luiza
Marruda, mulher brava como Cristina
Dou o papo reto, sou Queila

Rafaela sorridente...
Mari menina, mulher, sou inteira
Levanto o tom, se coagida
Brigo feito onça, se ferida
Dou abraço forte, se há respeito
E um afago bem dado, se for desejo
Hoje eu te convido...
Eu te espero!
Vem comigo girar a saia!
Só não me encoste, se eu não pedir, nem mais um dedo
Sou grito solto
Se liberte!
Não seja você também desse machismo nojento, prisioneiro.

Louca

Quando você ri de mim porque estou brava ridicularizando minha causa
Nem é o sorriso em si que me maltrata
É sua ausência de palavras
Porque seu deboche é baque forte, fere feito corte
E dói imaginar que minha ausência seria nobre
Já que não meço minhas palavras
Já que não meço o tamanho de minhas saias
Já que não meço minha intromissão
"Você está louca", frase-padrão
Padrão fitness de academia
Padrão tamanho 38
Padrão sem celulites e estrias
Padrão silêncio
Porque meu grito que vomito do peito te enoja
Procuro outros cantos onde meu canto possa ser eleito
Candidato a revolução, apenas uma vez
Sou presidenta de minhas razões
Não a vagabunda, ou a puta
Não a que gerou vocês, essa não!
Jamais! Se consideram gigantes
Mas esquecem num instante que força não é poder!
Trazemos no colo navalhas
Nos seios apalpados sem consentimento, armas!

No ventre tantas vezes invadidos, facas!
Em nossas costas roçadas, muralhas!
Em guerra civil cotidiana
Somos surdas aos assobios
Nos mantemos planas
Anas, Flávias, Marianas, gostosas...
São nossas faces em desdém à sua insulta lógica
De se achar no direito de invadir meu espaço
Porque não caminho com um homem ao lado
Ou à frente, como se tivesse a necessidade de um guia
Traduzida por um homem que de minhas palavras se apropria
Não! Não mais! Apenas ouça:
Voz não nos falta, rapaz!
Para, quando quisermos, falarmos mais alto
Para lutar sim por nossos espaços
Com distância de mais de um palmo entre seu corpo e o meu
É meu direito, se não te convidei para o abraço! Se afasta!
É esse seu beijo, com a mão na minha cintura que me causa alarde
Causa incômodo
Você já se perguntou se eu quero mesmo sua mão
Deslizando pelo meu corpo?
Se não sabe a resposta, se contenha
O que me conquista não são suas investidas
Mas sim quando me olha de frente
Rente!
Sem medo de mulher que chora

Que põe tudo para fora
Que te explica tantas vezes
Porque andando na rua à noite
Tem medo de ser morta
Nosso 8 de março, história que os livros não contam
As 129 mulheres queimadas
Por serem consideradas as tais "loucas" de outrora! Vitória!
Querem mais direitos aos homens?
Então vamos trocar de lugar
Quem aceita a proposta?
Os mesmos que nos chamam de "feminazis" aceitariam?
Ou até a mulher que diz que câncer de próstata
Mata mais que pedofilia contra meninos e meninas?
Entenda: se somos "feminazis", então os homens são a Igreja Católica!
Que já matou mais que a Segunda Guerra
Mas sempre encontra beato equivocado
Para defender sua honra e glória.

Não, senhor

Não é sua beleza que determina se eu vou ficar
Não são seus bíceps "bem trabalhados" que me farão querer te beijar
Não me vendo por sua família de nome, por seu dinheiro, seu status
Não preciso ficar mendigando carinho, respeito e abraços
Não preciso me adequar à sociedade para você me aceitar
Não é você quem vai me dizer o que devo pensar
Minha cerveja faço questão de pagar
Para não vir achando que te devo algo e do pior jeito me cobrar
Não é seu julgamento que me sufoca
Não é seu carro que me transporta
Não preciso me deitar com quem não quero para "abrir portas"
Não são suas notas de 100 que vão me comprar
Não sou mercadoria para você me vender depois de usar
Não sou mostruário para enfeitar
Não é você quem decide quando posso falar
Não é seu olhar de desdém que me consome
Não preciso ser a mais bonita para você me mostrar feito objeto para outros homens
Meu decote não é de puta
Minha fala não é de deboche
Não é você quem determina o tamanho do meu short
Da sua academia não sou escrava
Sei que muitas vezes sou malfalada na sua roda de amigos

Não vou deixar seu machismo me rebaixar
Como se uma mulher só servisse para ser usada
Não preciso ser perfeita, uma boneca muda, gostosa e sem falhas
Talvez eu não seja para casar, para namorar
Talvez você ache que eu nem sou digna de estar ao seu lado
Mas se esse é o preço que todos os dias tenho que pagar do próprio bolso,
Centavo por centavo, para simplesmente poder ser eu mesma,
Fica com o troco!

Vermelho

Juliana, seu batom vermelho me representa!
Nas noites de gandaia
Chama as amigas
Não mede o tamanho das saias
Vestida de tantas outras
Das trans
Das drags
Das putas
Das loucas
Das botequeiras

Luana, seu batom vermelho me representa!
Nas noites pacatas em casa
Acarinha o lábio que não foi beijado
O batom que não foi borrado
Se lembra enquanto penteia os cabelos
Dos encontros, desencontros, do amor verdadeiro
Que não veio
Veste o sonho mastigado
Enquanto se deita

Fabiana, seu batom vermelho me representa
Nos dias de luta

De rua
Quando fica nua
Só com o batom vermelho
Que não pede espelho
Nos olhos do amor da noite ela se vê por inteiro Mariana...
Que se esquiva no metrô, no trem
Dos apertos
Das encoxadas
Das piadas
Dos puxões no cabelo
De batom vermelho!
Pede espaço
Grita alto
Quero respeito!
Abaixa essa mão
Não toque nos meus seios
Me deixe em paz com meu batom vermelho!

Ela é pequenina
Gigante por fora
Por dentro menina
Porta escancarada
Sem chave
Que todo sorriso entra

Luciana, seu batom vermelho me representa
Somos tantas
Somos uma
Somos luta!
Sangrando a dor do parto
No escuro do quarto
Dos que foram embora
Sem nem ao menos ter se importado
Vou gritar alto
Subir ou descer do salto não importa
Nem o seu batom vermelho
Vou repetir para que desta vez
Você me entenda:

Não é o seu batom, é você que me representa!

Casa com aumento

As pessoas me perguntam se vou me casar um dia
Assinar contrato
Pagamento para o Estado
Digo que não!
Querer estar junto não tem padrão
Não é posse, loteamento de vida
Não tem nome, grau ou gênero
A sociedade insiste em escolher nossos parceiros
E o primeiro critério avaliado é o dinheiro
Você pode até ter sonhos grandes
Mas acaba em um relacionamento pequeno
Porque coração é terra sem lei
Propriedade de ninguém
Não reconhece diplomacia
Não se movimenta por contas bancárias
Coração quer mesmo é amor
E amor sempre cabe em casa e cabe de todo jeito
Consciência de que pode se admirar
Ninguém tem apenas defeitos
Amar já é resistência!
Não sei bem em qual momento
Dinheiro se tornou referência de um bom casamento
Não são papéis que afloram o que tenho no peito

E, sim, pretendo ter um dia casa com aumento – de amor!!
Então quem sabe minha casa fique tão cheia de sentimentos
Que eu me mude dessa para uma que comece com duas pessoas
Mas isso não é meta nem plano, tampouco necessidade
Penso que quando se ama a vida
Basta estar viva para amar de verdade
E de tanto amor que você tinha
Presenteou alguém com metade
Casa, com aumento, de vontades!

Tempero

Na beira da pia o projeto para entregar
Na pressão do grito na rua, o carro de trás pede para o fogo baixar
O despertador indica a hora de ir, mas nunca avisa a hora de voltar
Na jornada de casa ela bate o cartão na hora dos filhos beijar
O processo que espera a poeira da prateleira
É a vassoura na mão da mãe professora e da mãe merendeira
Nem a distância de salário ou profissão as tirou da beira
Do que a misoginia planejou uma vida inteira
Na gola bem limpa da camisa do marido
Arquiteta, criou edifícios tão lindos
Escritório, prédio fino
Em casa, dona do lar e filhos assistidos por ela
Se dão ao pequeno luxo da novela
Amanhã? Labuta certa!
De manhã
Defensoria
À noite roupas e filha
E se sobrar tempo ela desatina
Pede no corpo o desejo que dentro grita
Gari de corpo cansado no corpo do companheiro, travesseiro ao lado

E lava louça
E lava louça

E lava louça
E lá se foi
E lá se foi
E lá se foi
Outro dia... Beira de pia
Café, leite, azia

O telefone toca
A casa que quer ser limpa
A telemarketing desliga
Marido disfarça, mas anuncia
Quer sexo, serventia
O filho cobra atenção
As horas
"Que horas são?
A máquina parou, tenho que estender os panos de chão"
Se perdeu nas contas
Bancária com as notas vermelhas da filha na bolsa
Empregos que a mulher carrega
Sem carteira assinada
Pede calma!
E não importa se não fez faculdade ou se é magistrada
Por ser mulher...
Percebi desde o primeiro instante:
Brincar de casinha
Sempre foi coisa de gente grande.

Receita

Um dia peguei todo "gostosa" e "gatinha"
E coloquei em minhas panelinhas
Separei a dedo o cinismo do que era ou não "coisa de menina"
Três pitadas de recalque, duas doses de mal-amada
E em fogo alto do meu temperamento opaco
Cozinhei cada maltrato
Deixei em banho-maria todas as vezes que você disse que ninguém me queria
Refoguei junto das vezes que você dizia que a culpa era minha
Esperei de vinte a trinta anos para descobrir que era tudo mentira
Peguei a sobra do que tinha na cozinha e fiz sua marmita
Vesti qualquer roupa que tinha
Estavam dobradas ao lado de todas as minhas bonequinhas
Me perfumei da desobrigação de ainda não ser mãe
E dentre todos os tipos de casamento
O calçado escolhido foi solteirice e desapego
Achei que na bolsa tinha muito peso
Então tirei dela todas as vezes
Que na cara você me apontou o dedo
E saí, mas não sem antes riscar um fósforo
Botei fogo na casa e em todo remorso
Da louça que sei que você não lavaria…
E de todo o cansaço que sentia todo dia à beira da pia
Foi um massacre geral

Não sobrou nadinha
Tudo bem, nunca fui boa em brincar de casinha
Andei ao seu encontro
Quem me viu na rua
Poderia jurar que eu parecia um ser novo
Empoderada, dona do tom das minhas palavras
Te encontrei e entreguei todo sentimento requentado
Das vezes em que você só quis me comer
E o que eu precisava mesmo era de um abraço
Te alimentar foi uma experiência sem igual
Ainda me lembro de você ao meu lado
Passando mal
Vomitando toda sua moral
Suas desculpas esfarrapadas
Bem cotidiano e normal
Da bolsa tirei a verdade
Que te cortou feito faca
Decidi acabar de vez com a nossa história tão rasa
Depois vi suas injúrias escorrendo pela vala
Enquanto eu me despedia em meio à morte já anunciada
Não foi surpresa, e eu já dizia
Que te vi com outra na sua missa de sétimo dia
E eu estava sozinha
E sorridente, quem diria!
Só fui feliz quando não precisei ser a mulher da sua vida
Porque, na verdade, sempre fui a mulher da minha.

Poesia das músicas

Eu cresci *ralando na boquinha da garrafa*
Então o que te surpreende o Mc Brinquedo ser fã do Mc Catra?
Afinal já me diziam:
Olha a bunda, ô Raimunda, subiu a temperatura, ô Raimunda
Raimunda: *menina que enjoou de boneca*
Não quis mais vestir timão
Deveria ter tido outras músicas como opção
Quem sabe então ela perceberia que não é normal
Ser só um objeto sexual
Mas não!
O Califa ficou de olho no decote dela
Ficou de olho no biquinho do peitinho dela
Ficou de olho no balanço das cadeiras dela
E o mundo fez de Raimunda
Outra síndrome de Cinderela
Nos fabricaram para ser Amélia
Servir sem vaidade
Nos ensinaram a ser mulher e de verdade!
Na caixa! Plastificada!
Só esperando para ser útil
Ao ouvir a pergunta de um menino de 13 anos:
Se essa boneca sabe ser profissional
Mamar seu brinquedo?

O nome disso é pedofilia e vem disfarçada nesse seu enredo

De apologia pós-moderna funk social

Nada do que não acontece em Salvador no Carnaval

As amantes, as esposas e o homem valorizando a guerra entre elas

Tipo dono do bordel

E eles gritam: *só as cachorras, as preparadas*

Tô preparada, sim, para nunca mais ser usada!

Segura esse seu tcham

Amarra bem esse seu *tcham*

Senão o *tcham tcham tcham*

Vai ser você acordando sem ele de manhã

Eduque seus bodes!

Porque hoje as cabras tão com a pá virada!

Cansamos de ser carne servida na mesa

Enquanto o machismo justifica frases que fazem das mulheres cativas

Dói, o seu tapa me dói,

O seu tapa me dói

E eu vou logo ligar 180!

Tô atoladinha das suas hipocrisias! Moralistas!

Adoram as meninas que rebolam

Mas depois do casório é com as santinhas que querem assinar no cartório

Recalcada? Meça suas palavras, parça!

Você que é incompetente no amor e eu que sou a mal-amada?

Os machistas estão passando mal

Sem argumento, tremendo de medo

Apelando de novo com seus xingamentos
Garotos, Leoni já avisou
Dificilmente vocês *vão resistir aos nossos mistérios*
Sempre tão espertos, são só garotos!
Espero que a poesia não venha em tom de ameaça
É na força das palavras que está a graça
E aos manos, minas, monas e manas que já abraçam a causa
A gente tá ligada: *tá tranquilo, tá favorável!*

A melhor transa da Geni cotidiana

Vai com ele, vai Geni
Vai com ele, vai Geni
Você pode nos salvar
Você vai nos redimir
Você dá para qualquer um
Bendita Geni

Eu vou sim
Mas agora é do meu jeito
De nada adianta o Prefeito de joelhos
Ou o Bispo pedófilo de olhos vermelhos
Foram poucos com quem não gozei
Mas isso não contei para ninguém
Porque também tenho meus caprichos
Quero minha profissão regularizada
Indenização por cada injúria a mim arremessada
E carteira assinada
Não aceito mais pagamento em moedas e cachaça
Exijo que suas pedras, no chão, sejam depositadas
Não sou Maria Madalena para esperar um Jesus para me salvar
Sou Geni, e se eu der
Quero ser bem paga!
Troque os lençóis da cama

Vá lavar esse seu corpo nojento
Você vai se deitar com uma dama
Aceito cartão ou cash
Porque eu gosto mesmo é de grana!
Já avisa o Zepelim que eu não faço qualquer serviço
Acho bom ele estar bem ciente disso
Pagamento antecipado é compromisso!
Depois dele, eu faço agenda
Já avise os lazarentos que acabou a merenda
Ninguém mais vai me usar até estar saciado
Não farei questão nenhuma de esconder meu asco
A partir de hoje está proibido romaria nesta cidade
Quero lei sem revogação
Então já põe na Constituição para depois não ter alarde
E a notícia se espalhou feito praga
Em apenas uma tarde
Se ouviu falar de separações
Vários pediram perdões
Homens abandonando seus sermões
Zepelim apaixonado
Pediu para ser seu namorado
Ela respondeu que pensaria no caso
As mulheres se organizaram
Inspiradas em Geni se emanciparam
Os homens foram depostos de seus cargos
Naquela noite ela se deitou de lado

E ouviu pela cidade a cantoria que veio
Mesmo com atraso:

Liberdade era Geni
A justiça era Geni
Ninguém pode nos prender
Ninguém mais vai nos cuspir
Eu vou dar para qualquer um
Que eu escolhi!

Solta

Já tive homens de todas as cores
Mas todos maiores de idade
Por todos me apaixonei
E essa é a verdade

Mas para poucos eu me dei
Faltou coragem de algum dos lados, eu sei

Já tive homem do tipo abusivo
Do tipo meu amigo
Do tipo "lanchinho"
Com uns até poetisei, com outros dancei, com outros tretei
Duas foram as vezes em que amei

Já tive homem do tipo sexo bom
Tipo sexo pornô
Tipo melhor orgasmo da sua vida

Já tive homem do tipo desconhecido
Por quem me apaixonei numa esquina

Já tive homem do tipo
Namorado traíra

Solteiro amor livre
Já tive príncipes
Mas foi a rua que me fez sentir princesa

Já tive homens cabeça
Desequilibrados
Homens confusos, de guerra e de paz
Mas só fiz esta poesia para me lembrar
Que nenhum deles me fez tão feliz quanto eu mesma fui capaz.

Resiliência

Tem pessoas caminho florido
Algumas, pedregulho
E eu nem pulo
Inverto a lógica, nunca entendi de mapas
Mas fecho os olhos e ouço o coração
Porque é a minha intuição que me salva
Eu sigo solo, mas nunca desacompanhada
Se sou Alice, fiz do País das Maravilhas a minha fábula
Sou mais louca que o chapeleiro, quebrei o relógio do coelho
E da rainha má eu nem de "porta aberta"
Encontrei pessoas sentimento que me deixaram mais esperta
Observadora, ainda que eu tenha dois ouvidos e uma boca
É simplesmente para que das palavras certas eu faça escolha
Mesmo que alguma pessoa inveja me interrompa
Porque sei bem o que eu estou fazendo
Consciente do percurso que escolho, eu vou vivendo
Nem tenho pressa, namoro a lua
E foi dançando com a inspiração que eu escrevi mais esta
No mundo das teses e números, o meu cálculo é a dialética

Eu sou pessoa vento, com ascendente em água
E nesse seu sol em terra ando fazendo do colo casa
Empática, para além das palavras

Resiliência eu descobri nas pessoas que não desistiram da caminhada
Ainda que incerta, mudaram seus próprios destinos
E acertaram pessoas com suas palavras – flecha, com a cura certa!
Pessoas convite que conheci na hora correta
Sigo com a coluna ereta
Entre um sorriso e um pranto, sempre tentando amadurecer flor
Porque já fui semente concreta
Mas eu que reescrevi minha história
Sou dona do meu caminho
Entre céu aberto ou tempestade, a verdade é que nunca desisto
E nessa missão eu sigo
E, quando a natureza me chamar, vou saber que enfim
Eu cumpri meu destino.

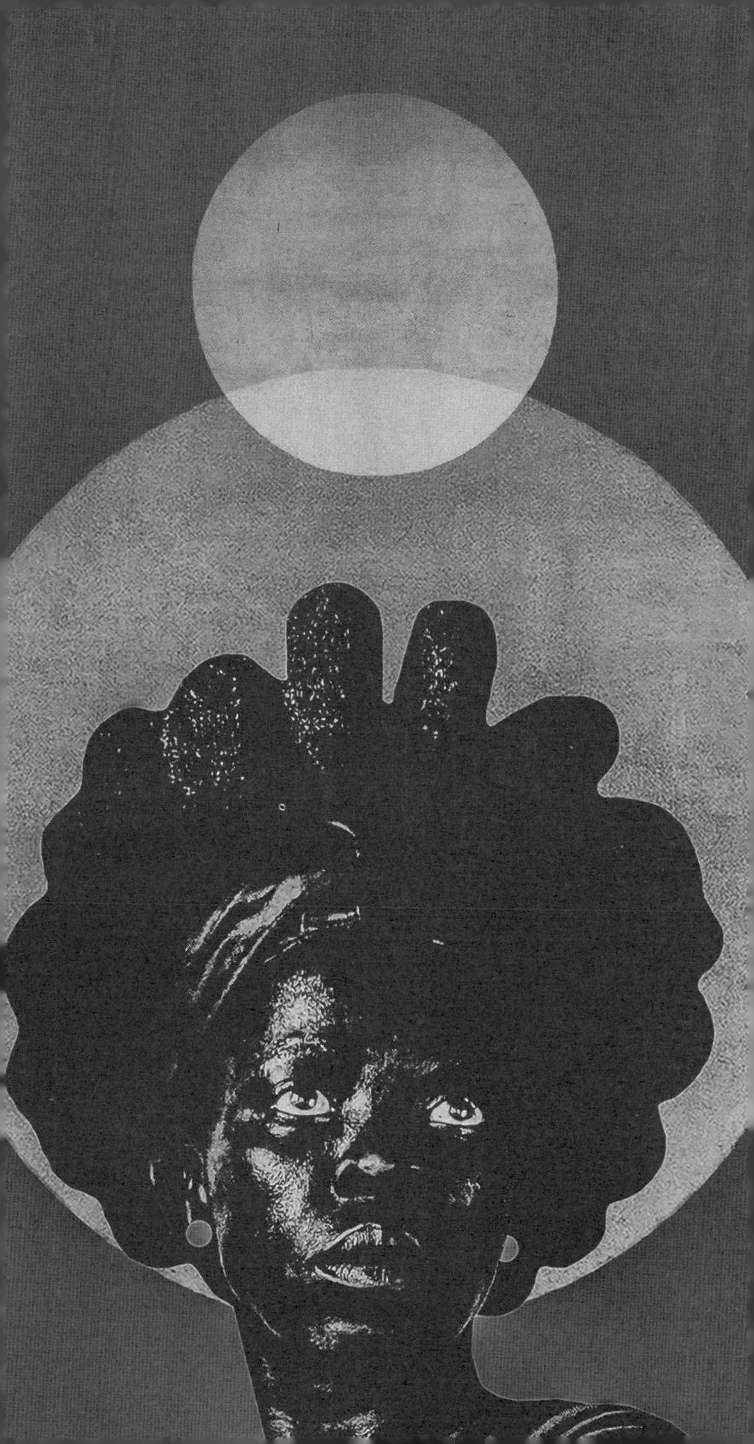

2
cantigas de desamor

Baseado em escrotos reais

Deu saudade, né?!
Me procurou...
Andou dizendo que sou mais linda que qualquer flor
Eu logo pensei:
"Olha quem está por aqui
O rapaz dos olhos verdes que vivia a me iludir"
E eu sempre servia para o que me cabia
Você me mandando nude
E eu te mandando poesia
Olha que fria!
No dia das mulheres compartilhou link de site de pornografia
Disse que por lá
Nós nunca éramos esquecidas
Fazia piada machista
E ria
Na minha cara e na das outras meninas
Eu me perguntava:
"Como pode tanta misoginia?"
A mãe? Era Rainha
As outras? Tudo puta, vadia
As irmãs? Princesinhas
Namorada? Só se for loira e magrinha
E eu? Logo pretinha

Sonhando em chamar de meu
Um gordofóbico racista!
Foi-se o tempo em que eu era iludida
Foram as minhas iguais
Na roda de poesia
Que me ensinaram a ser minha!
Você até fingiu que não me lia
Chegou devagar...
Sondando a neguinha
Para ver se eu ainda era a mesma que você comia
Que se lambuzava e depois cuspia.
Hoje devolvo a sua indigestão
Em cada uma das minhas rimas!
Eu mendigando carinho
Você caralho adentro
Exigindo de quatro
E eu no quarto passando veneno
Eu não me esqueço!
Ficou guardado na memória
De um corpo que não é mais escravo das suas histórias!
Amizade colorida? Para quem?
Se seu sentimento era todo preto e branco
Regado a desdém
E me afastei
Nenhum macho mais fez comigo
O que eu permiti que você fizesse, meu bem!

Os que têm medo de mim

Estão certos!

Porque eu não aceito meia conversa

Nem ser tratada feito objeto

Sabe aquelas pretinhas bem folgadas?

Que se acham lindas, maravilhosas e não aceitam ser maltratadas?

Então, eu sou uma das que lideram esse bonde

De mulheres exigentes que não dão mole para homens!

Os troféus que guardo lá em casa

Só me lembram o tanto você é nojento

O quanto eu sempre fui crônica e você história sem enredo

Mas agora você me segue, acha graça

No direct até tenta me dar uma cantada

E eu? Vou rir da sua cara!

Lembrar bem de quando você me humilhava!

De quando a branca era a sua escolha nata

E eu não passava da preta pobre que você não andava de mãos dadas

E você ainda tem a cara de pau de reclamar que não te respondo

Que é para eu cuidar do meu ego

Senão vai ser grande o tombo

Com meus dois pés no chão

Vou te dar um recado!

Seu misógino, mal-amado

Deixei de reproduzir na cama esse seu filme barato!

Não sou sua atriz pornô

Sou preta e escritora

E hoje você vai assistir de camarote
A essa Preta aqui ser aplaudida
Por essa plateia toda!

Detectado

Aposto que você nem é a pessoa que mais transa no mundo
E se falar sobre isso parece absurdo
Você foi detectado!
Adoro esse certo incômodo que é gerado
Você fodeu quatro vezes seguidas e nem foi só com uma mina?
Você está de parabéns na mentira!
Isso não diz sobre sexo
Mas diz muito sobre o seu ego
Sua necessidade de ser o pika
Sua autoestima tão mal resolvida
Sexo é troca
Aposto que isso te surpreendeu agora
Bota esse seu afeto para fora
Não tira suas calças
Tire sua sexualidade tóxica
Se toca!
Não quando você for bater uma punheta
Mas quando colocar seus sentimentos e necessidades na mesa
Mulher nenhuma é sua presa pronta para ser devorada
Se você quer uma sentada
Você vai ganhar na risada
Na barriga
Começa preparando para ela uma refeição fina

Descubra se ela gosta de cerveja ou vinho ao chamá-la de linda
Deixa ela satisfeita
Aprenda a beijar dos pés à cabeça
Evita usar o dedão, afinal você tem outros quatro dedos na mão
Valorize a cabeça de cima
Porque é um bom papo que dá tesão nas minas
Chupa gostoso, reinicia
Deixa ela te dizer quando terminar
Se for fazer um 69, deixa ela por cima
Não confunda tapas no sexo com agressão física
Cuidem bem das nossas vaginas, bucetas
Essa hora eu dando aula
E nem vou cobrar extra
Mas é bom que você aprenda
Como ela chega no orgasmo?
Se você acha que fazer elogio é desnecessário!
Pare de ser otário
Aprenda a lavar o saco
Não existe isso de só fazer sexo de quatro
Perceba o corpo de sua parceira
Quando ela está molhada
Inunda a cama inteira
Mulheres e orgasmos são cachoeiras
Faça ela gozar sempre que puder e ela vai te amar para a vida inteira
Aprendam a dizer "eu não quero"
Sexo também é hora de papo reto

É sobre intimidade

Talvez vocês só transem se conversarem até tarde

Não tenha pressa

Sexo é troca

Mas troca sincera

Beijo na boca

Olho no olho

Mulheres gostam de ser beijadas no pescoço

Mas gostam mais ainda de sinceridade

Portanto, se você só quer transar, diga a verdade!

Ela é afrodisíaca

Afinal nós não somos princesinhas

Para achar que toda foda boa vai ser o nosso amor da vida.

Fundo

Sua indiferença se aconchegou devagar
Só me disse "oi"
Me deu um beijo como quem só está de passagem, não pediu carona
Sem "por favor", sem "obrigado"
E acho que foi isso que me deixou meio tonta
Deu vontade de dizer "fica à vontade"
Mas de novo sua indiferença me encarou de forma covarde
Por que com todos, menos comigo, você conversa até tarde?
Olha que ironia
Precisei entender que você não me queria para de novo me chamar de minha
Parece até desculpa
Só depois de você me jogar no vão entendi que não sou sua
É que, juro, dessa vez achei que seria diferente
Porque você cuida tanto para andar à esquerda
Mas não cuidou da gente
Perdi as contas das suas "desculpas"
Quando eu te explicava o quanto é ruim viver jornada dupla
E ainda assim não consigo ir embora
Porque te amo mais do que queria
É feito droga
Que alimenta meu vício

E, quando se dá conta, seu relacionamento é abusivo
Todo dia você grita por dentro
Em silêncio
Até a vergonha começar a carregar seus medos
Por que eu?
Por que de novo?
Achei que era tão forte e quando vi estava no fundo do poço
Você disse que me amava, moço
E hoje eu sou a indigestão do seu almoço?
Você ameaça ir embora
Ótimo! Porque desse amor eu já joguei a chave fora
Se você sair, eu juro que tranco a porta
Achei que você iria cicatrizar minhas feridas
Mas só deixou mais expostas
Não me ignore! Não me maltrata
A vida que a gente leva é tão pequena que sobraria espaço na mala
Acorrentada
Sua vigília virou jaula
Nunca dei um passo sem você saber onde estava

Mas ele me beija
Me enrola feito sobremesa
Estou admitindo aqui minhas fraquezas
E de novo o abismo dessa relação é servido à mesa:
"Vai repetir?"
"Não, estou satisfeita!"

Donzela

Ele disse que viria
Chegou cheio de promessas
Foi companhia certa
Abriu a porta do carro
Entregou flores
Me deu abraços
Fez juras curtas de amor
Me envolvi
Quis sentir o sabor
À noite nós dois juntinhos
Corpo e amor.
No dia seguinte, mensagem
Bela dama, me chamava
Criei coragem
Achei que amar
Não tinha perigo
Me joguei de um precipício
Logo menos ele disse
Que eu não o enchesse com tantas tolices
Que estava ocupado demais para as minhas meninices
Mediu o tamanho de minhas roupas
Disse que se me comportasse seria boa esposa
Me deu anel de compromisso

Não ouvia mais minhas histórias

Me beijava sem amor

Só discórdia

Eu pensei em ir embora

Me senti mulher fraca, que só chora

Mas ele pediu perdão na hora

Eu perdoei

Juro que o amei

Com ele no altar me casei

Ele se mostrou dono de vícios

O pior deles era me tratar feito lixo

E eu aceitando qualquer coisa, como se fosse abrigo

Um dia, irritada

Com a falta de amor, desesperada

Pedi respeito, vida mais grata

Ele me deu um tapa na cara

Disse que me sustentava

E que eu ficasse calada

Desobediente, retruquei à altura

Disse que não era sua dama

Ele disse: sua vagabunda!

E depois de tanto choro

Gelo no rosto

Olho roxo

Eu ainda ali fiquei

Me perguntando: onde errei?

Com um bebê no colo, esperando no ventre o outro que vem

Até que num estranho dia

Ele chegou com outra Maria

E fez em minha cama o que queria

Eu ouvia os gemidos

Dela, dele

Como se fosse amor, íntimos

Eu a esperei ir embora

Tranquei tudo, joguei a chave fora

Pedi explicações, mesmo mentirosas

Com um soco bem dado

Ele encerrou meu questionário

Eu insisti, ele contrariado

Foi tão grande a surra

Quando dei por mim

Já estava até nua

Mas como um golpe de misericórdia

Acertei quando ele ia saindo pela porta

O que aconteceu depois disso, não vi.

Gostava tanto de flores

Que hoje elas enfeitam o jardim inteiro do fim

Para quem só queria ser donzela

Morri indigesta

Em nome de qual amor todos os dias é o nosso fim?

Abusivo

Dono das vidas, das vilas, do lado de lá
Maquia a dor e o amor das mulheres de cá
Cozinha, tempera a espera que não vai chegar
Ele corta suas asas para você não voar...

Preta, me diz
Ele não te atendeu?
Em qual prato nesta terça à tarde você acha que ele comeu?
Conta mesmo, pequena
Ele te xingou?
Ele diz que tem problemas
Mas não se preocupa com os problemas que ele te causou?
Abusivo! Esse relacionamento não é mais ninho
Seu sorriso, meio sem graça, não esconde o tapa na cara
Sua voz baixa
É o grito alto do opressor que todo dia te mata
Desengasga!

Não deixe as digitais dele criarem marca em seu pescoço.
Voa passarinha!
Carrega na asa a coragem e suas crias
Revida!
Espanca o medo até ele ficar pequenininho

Porque é abusivo!

... ele corta suas asas para você não voar...

Então não dorme!
Quantas ausências você engole?
Você não é uma camisa que ele usou demais
Você não é o skate quebrado que ele largou para trás
Você não é o beat que ele desistiu de rimar
Você é nome próprio
Nunca foi objeto
Você é seu próprio lar
Faz morada!
Esquece esse coração fachada
Picha nele: "partiu"
E vaza!
Faz voo solo
Espalha a semente do amor-próprio
Onde ele só fecundou ódio
Ele não te deu respostas
Enquanto você chorava, ele te deu as costas
Te agrediu no ponto certo, enquanto o ônibus passava
Te socou a boca do estômago, enquanto as pessoas gritavam um silêncio covarde
Ninguém meteu a colher
Ele sacou a faca
Na primavera colorida

Foi preto e branco cada punhalada

Esse relacionamento não é mais ninho
Porque ele é abusivo!
Chora
Renasce
Não olha para trás
Coragem
Nunca vai ser tarde
Parte!
Reage! Combate! Porque é abusivo
É abusivo
É abusivo!

Pequena, seu relacionamento não é mais ninho!

Se ele não te entender

Ele não vai te entender, desiste.
Não vai te abraçar domingo de manhã
Ficar com você na cama
Ele não sabe nada de você.
Não te enxergou todo esse tempo
Não gosta do sabor do seu beijo
Nem dos seus vícios

Ele não vai te entender, desiste.
Ele amou todas, menos você
Sua mania de mexer no cabelo quando está com sono, ele não conhece.
Não te levou para passear no parque
Não perguntou como foi seu dia
Então, por que você fica?
Ele não conhece sua cor favorita
Ele nunca te escreveu uma poesia
Ele te acha louca, desequilibrada
Pensa que, além dele, você só gosta de noitada

Ele não vai te entender, desiste.
Ele não sabe do seu sofrimento
Nunca perguntou dos seus arrependimentos
Ele não liga para suas histórias

Por que você não o manda ir embora?
Não chora
Ele não vai te abraçar quando você sentir medo
Ele não sabe como você se olha no espelho

Ele não vai te entender, desiste.
Ele nunca viu todas as constelações nos sinais do seu pescoço
Nunca viu o amor que você transborda na hora do gozo
Nunca sequer te viu, mesmo te olhando no olho
Não chora!
Seja forte! Deixe-o ir embora. Se despede!
Ele nunca vai cuidar quando você estiver com febre
Esquece!
Ele nunca te deu um livro
Nunca foi de verdade seu amigo

Ele não vai te entender, desiste.
Não insiste.
Deixa uns recados pela casa
Que quando ele fala de outras isso te mata
E ele diz que você é que é ingrata
Ele não sabe de nada
Não reparou que você mudou o cabelo
Não te elogia nem nos seus dias mais vermelhos
Ele te nega beijo
Ele não liga que você chora

Não pensa duas vezes antes de ir embora
Mas ele sempre volta
Por quê?
Não o ajude a responder

Você nunca vai se entender
Mas pelo menos em você: insiste!
Dele? Desiste!

(aliás... minha cor favorita é verde).

Fabiana

Sentou-se para fazer o teste
Pela primeira vez juntou as mãos
Pediu ao Deus cristão: reprovação.
Ali sentada, não chamava Maria
E era pouca a sua graça
Sabia que nenhum Espírito Santo a abençoaria.
Não contou nem para a melhor amiga
Preferiu sofrer sozinha
Os minutos que sua sentença definiria
Se levantou, ensaiou as explicações para o Pastor
Para a sua mãe, para a sociedade
Pensou em procurar aquele
Dono de metade
Do que ela carregava
Mas recuou...
Não queria aquilo que lá dentro já habitava
Não queria escolher nome próprio nem ser casada
Queria mesmo ter a sua vida mudada.
Saiu sem ver o resultado
Foi para a rua em busca de um abraço
No silêncio do segredo não contado
Procurou uma farmácia
Pediu ao moço a droga mais usada

Para se livrar do que não aguentava

Mas já carregava

Parou em um parque

Chorando, pediu perdão ao ventre e quem nele habitasse

Tomou o comprimido

E sem remorso disse adeus

Pediu: "Pai, perdoa os erros meus!"

Mas o erro não era dela

Tomou tanta pílula, vivia de tabela

Sempre calculou o risco do que lhe invadia as pernas

Achou que um comprimido era pouco

Tomou logo a cartela inteira e como um sopro

Foi parar no pronto-socorro.

Ao abrir os olhos, quem estava lá?

O pai da criança a alisar

Como fazia há anos

Naquele inferno que chamavam de lar

E ela disse, sem bebê e sem ventre,

Que estava cansada daquilo, que seguiria em frente

Não aceitaria mais seus abusos

Enquanto ele se fazia de crente

O mesmo pai, o da criança e o dela

Dizendo que como homem honrava o que tinha entre as pernas

E que era seu direito como pai ser o primeiro a se deitar com ela

Fabiana foi abusada

Durante treze anos, em sua própria casa

No quartinho em que sua mãe guardava coisas usadas
Logo ali, escondidinho, debaixo das escadas
No culto de domingo dona Glória e seu José pareciam um casal tão lindo
O pastor disse que Fabiana era desgarrada por ter sumido.
No bolso do Pastor, dólares para um aborto clandestino
Da irmãzinha com quem ele estava dormindo
E ele agradeceu aos pais de Fabiana sorrindo:
"Irmãos, Deus os abençoe pelo dízimo!"

Fragmentos

Isso que escrevo são f r a g m e n t o s
Versos s o l t o s . . .
O silêncio que precede o esporro
Eu sou aquela que te causa mal-estar
Que somente à noite você vai lembrar
Quando estiver sozinho com o travesseiro
Naquele intervalo de quando bate uma
Pensando na filha da vizinha
Que tem apenas **10 anos** e mal tem seios
E você diz que já tem cara de **safada**
Você reconhece a sua própria imundice
Por isso diz isso, mas nunca, nunca em voz alta

Eu sou o nó na gravata
O incômodo do trabalho **forçado**
Que você faz pelas notas
Mas para me ouvir
Não se dá nem o trabalho

Eu sou o barulho do comprimido ca
indo na bebida
Da menina que mais tarde seria **violentada**

Mas que você não avisou
Mesmo a chamando de amiga

Eu sou o e s p a ç o vão daquela **encoxada**
Que você me deu achando que eu não sentiria nada
Mas eu sinto! Sinto muito!
Pelos seios **mutilados** das mulheres que contra a ditadura foram luta
Hoje eu luto!

Eu sou o momento reprise de cada um dos seus **surtos**
Segurando a garrafa
Com a promessa de que **r a s g a r i a** a minha cara

Eu sou o **baque de cada soco** em minhas costas já tão cansadas
A lágrima escondida no pano de prato
Das vozes **gritadas**
Das **ofensas** endereçadas
Dos corpos sem abraços

Eu sou aquilo que antecede o **estupro**
Do colinho do tio, dos cinco caras me **coagindo** no terreno baldio
Do **choro** que ninguém viu, do meu corpo tão pequeno e servil
Do banho que **não me limpava...**
Do **medo** que eu sentia do despertador da sala
Da sua **tortura** com hora marcada
Eu sinto **nojo de suas cantadas!**

O momento reprise de cada vez que já fui **xingada**
"Sua Puta!"
"Mal-Amada!"

Eu sou o vômito daquela noite em que você se **esfregou** em mim
E disse: "calada!"

Eu sou o **medo** baixinho
O corpo encolhido
A **culpa** invadindo

Eu sou todas as vezes em que disseram que eu estava mentindo
Sou a **morte** em **vida**
Sou todas as vezes em que alguém presenciou um **crime**
E preferiu **virar a esquina**

"Alguééém me ajuuuuudaaa?"
Mas naquela noite não tinha ninguém na rua.

Coragem

Se esses meus versos neuróticos
Carregados de tanto silenciamento enrustido
Não pesassem mais que o asfalto
Daqueles que quando me veem atravessam
Talvez pela cor da pele
Porque mesmo África
Que pariu a nação inteira
E eu sua cria bastarda
Em país de pouca ordem e muito retrocesso
Carrego no peito abusado
Metáforas que joguei fora junto das cartas não lidas
De amores que vivi sem relacionamento sério
Não faz sentido o que digo
Sem o discurso direto?
Do papo reto e dedo na cara
Mas me falta o grito
Ele foi suprimido
Na poesia que antes guerra
Hoje paz
Perdoa
Antes eu não entendia
Que pela falta de ironia cabeças como a minha eram cortadas
Decidi na palavra criar camuflagem

Troquei os nomes, endereços, partidos
Por figuras de linguagem que não escondem os putos
Que nessa pátria estupram suas próprias filhas
Não, não me peça poesia
Não me peça a certa escrita
Eu quero ser dialeto nunca antes dito
O silêncio nunca antes ouvido
Quero ser nua, nunca mais ser sua
Ora, quem diria...
Que a carvão acendeu em ascensão
Não foram seus fósforos, seus isqueiros
Que me fizeram fênix
Foram as pedras raspadas entre as mãos de tantas
Outras pretas me mostrando o empoderamento
Dos pés que caminham para onde querem
Não preciso dos seus favores
Não me deito por seus privilégios
Vomito em seus ternos
Mas esse peso, não mais carrego
Julgou-me usável
Reciclável
Para que eu reproduzisse
Toda uma burguesia
Que fedia
E seu cheiro podre
Não se esconde nas coberturas de seus bolos de três andares

Das suas vistas com piscina
De frente para lajes de morros onde também moram vidas
Que vocês ocultam os nomes nas suas balas "perdidas"
Sinto muito... pela voz cansada, rouca
Pois foi longa essa caminhada
Que termina aqui em seus olhos
Vocês têm de agradecer a poesia
Por eu trazer a palavra em vez do ódio.

Crise

Passei dias de cama

Em uma crise que não sabia que morava em mim

Ela veio em silêncio

Se acomodou no meu cansaço

E foi vulcão no meu peito

Arrancou meus sonhos de mudar o mundo

Me fez ver que sonhar é absurdo

Invadiu meus lugares mais escuros

Colheu minhas decepções

De ver as pessoas tão de perto

E como foi difícil descobrir que eram apenas pessoas

Com problemas de caráter tão grandes quanto os meus

E minha frustração veio à tona

A crise me convidou para a dança

E me lembrou que mal sei quem sou

Porque eu quis ser muitas

E cada Mariana que habitava em mim se tornava mais dura

Mais cética

Quis amor e as portas se trancaram

Enquanto minhas poesias

Permaneciam abertas

Em cada livro

Ainda bem que permaneci poema

Quando o dinheiro dizia "me busque no precipício"

Poder é sinônimo de doença

A política atropelou minha crise

Descobri que mudar o mundo

Começa na nossa cabeça

Não tenho medo de que a crise permaneça

Aprendi com ela a olhar as coisas simples com mais beleza

Em meio ao caos encontrei gentileza de pessoas comuns

Sem seguidores na internet

Que fazem o número mais bonito ser o número de abraços

Pessoas comuns me interessam muito mais, elas sabem criar laços

Pela primeira vez na minha direção, vi muitos dedos apontados

Em meio à luta me senti usada

Mas a crise me disse que o que importa vem da alma

E a minha não aceita prisões

Não quero seu cargo e, se ele vier com padrões,

A crise me beija, me conhece mais que todo mundo

A crise entende meu luto

Não acredito mais nesse lugar

Me despeço em busca de outro lar

Ser de esquerda é uma utopia

Romantizada assim como o amor

E ambos são uma mentira!

A crise me disse que eu nunca estaria sozinha

Abandono meus valores

Construirei outro mundo longe dessas dores

Permaneci em silêncio nos meus julgamentos
E meus maiores juízes eram as pessoas que eu levava dentro do peito
Nisso que dá convidar a entrar
Quem nem sequer tem respeito por si mesmo
A crise me disse "descanse"
Deitada em minha casa, sei que era a única coisa ao meu alcance
Chorei todos os dias
Contando para Deus que não queria morrer, só por cantar outra melodia
Estranho é o lugar que rejeita a dança
Por isso com a política tenho tanta desconfiança
Fiquem com seus ternos e gravatas
Porque a arte que me acolhe em outra casa
Com outras pessoas como eu
Em crise financeira
Cada poeta que ouço é minha benzedeira
Tira de mim esse mau-olhado
A sede de vitória a qualquer custo
Como diz Nuel, todo mundo ama o fim do mundo
Eu também amei o meu
O fim do mundo foi a coisa mais bonita, mais difícil que já me aconteceu
Foi com ele que me levantei da cama
Dobrei os cobertores
Vou me mudar nem sei para onde
Mas não volto
Nem que vocês encham meu copo de vinho caro
Eu não acredito em vocês

Finalmente aceitei minha lucidez
Quando nasci em mim minha primeira vez.

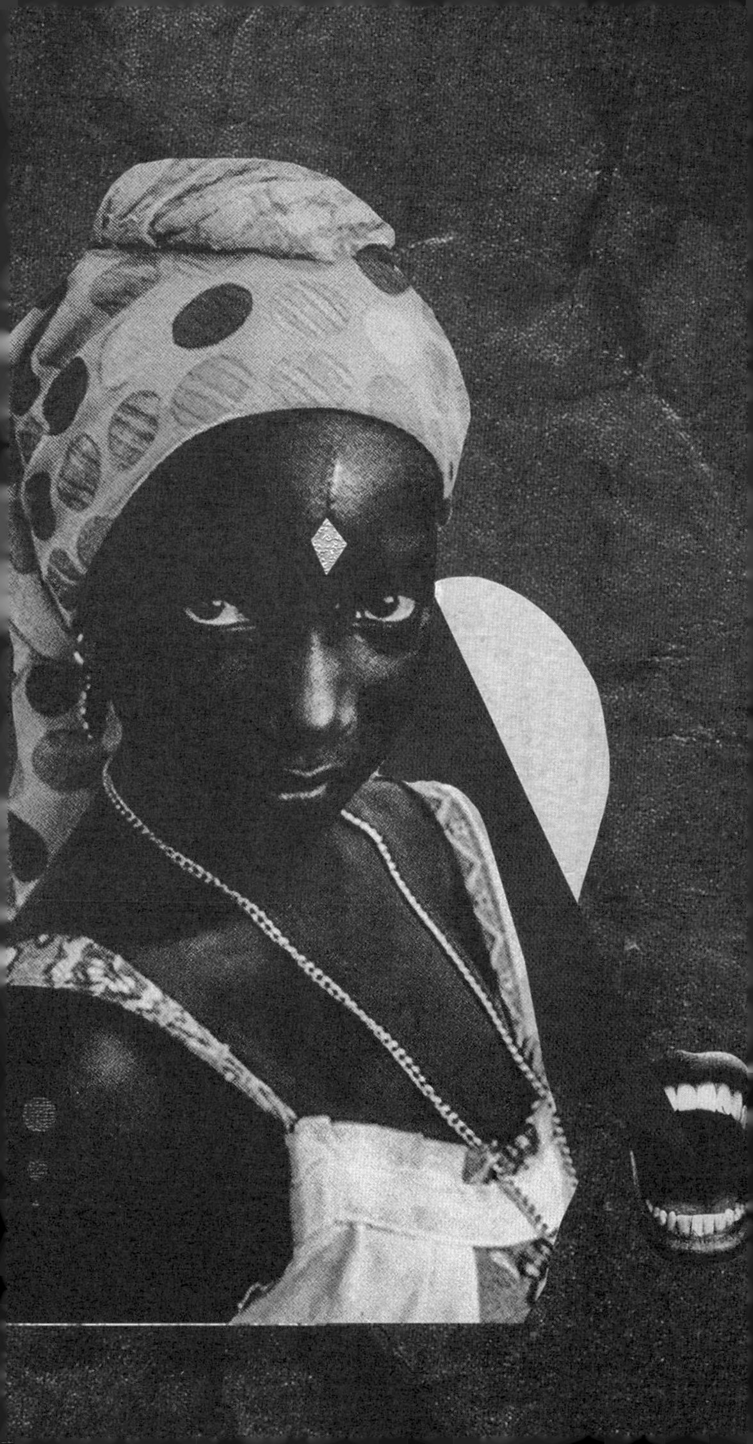

3
cantigas de autocuidado

1

Você me trate tão bem ou melhor do que eu mesma me trato
Ou nem me peça caso, abraço ou afago.

2

Ser você mesma é algo que causará impacto
Na vida das pessoas ao seu redor
Você verá o incômodo em algumas
E a esperança de também serem quem são em outras
Isso vai te fazer definir quem
São as pessoas para ter ao lado.

3

Quando eu amo, argumento
Se desisto, silêncio.

4

Amor, te quero fácil
Porque de burocrático
Já me basta a vida.

5

Eu sempre tento ser forte
Mas, quando não consigo, me perdoo
Porque sei que estou tentando
E isso também é sobre ser forte.

6

Meu amor dificilmente se refaz
Mas ele geralmente se despede.

7

Cuidado para você não acabar amando
Alguém que você tenha que convencer a ficar.

8

Demorou muito para eu entender que você é percurso, não destino.
Mas antes tarde do que infelicidade.

9

Sempre chove aqui dentro quando o seu silêncio
Faz a manutenção da nossa distância.

10

Muitas são as pessoas que me olham nos olhos
Mas poucas são as que sabem me ler.

11

Eu quis tanto que você fizesse
Parte da minha vida
Que me esqueci de perguntar
Se você também queria.

12

Cuido de mim com carinho
Porque sou sempre eu que me sobro
Em mim desconheço o abandono.

13

Silenciei em mim os ecos da sua incerteza
Sua escolha sobre estar comigo
Não é algo que eu deva esperar.

14

Ela tinha muita entrega

Nele faltava reciprocidade

Ela passou a agir igual

E deixou de amá-lo

Ele entendeu o fato

Tentou mudar a situação rápido

Mas já era tarde

Hoje ela era pressa e ele, saudade.

15

Lembrete: cuidar bem dos meus joelhos
Ser paciente com a minha saudade
Respeitar meu silêncio
E perder o medo de ir embora
Quando preciso.

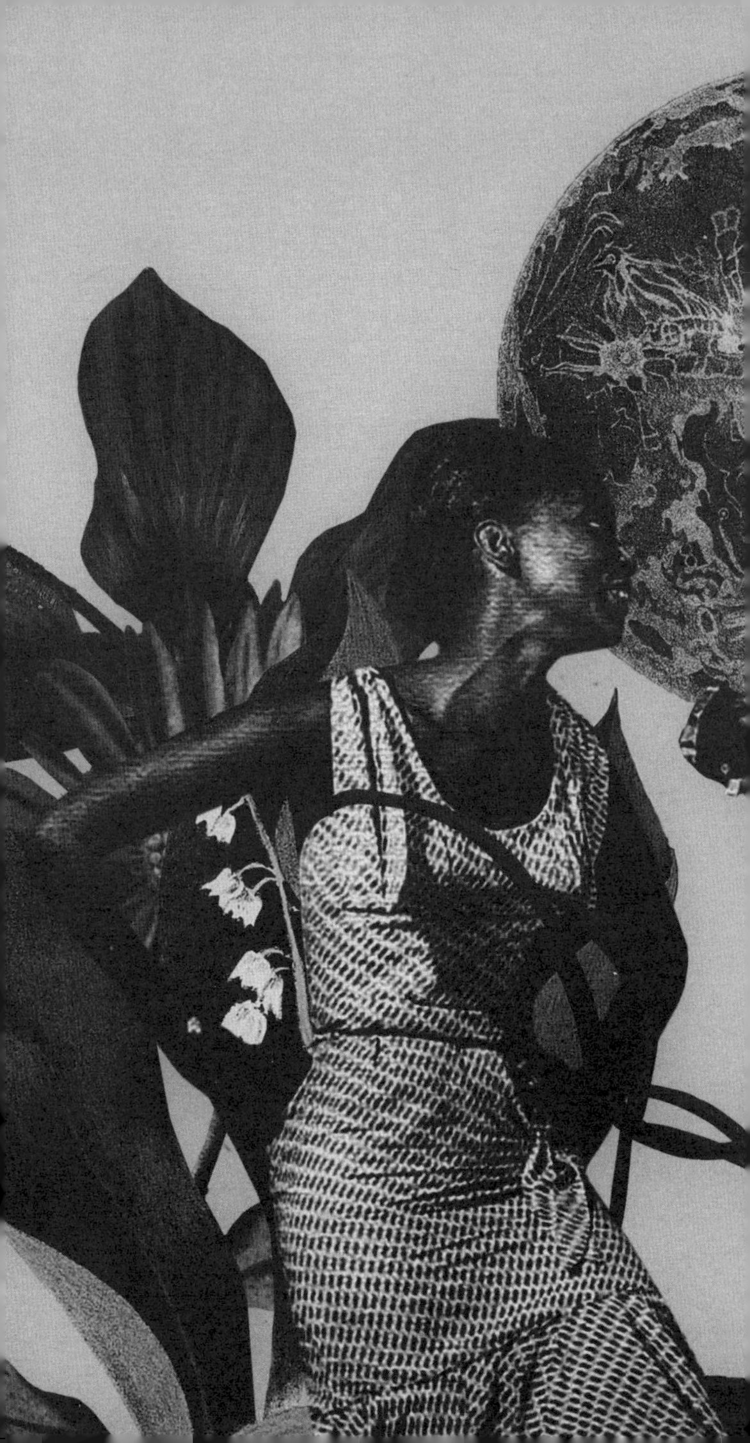

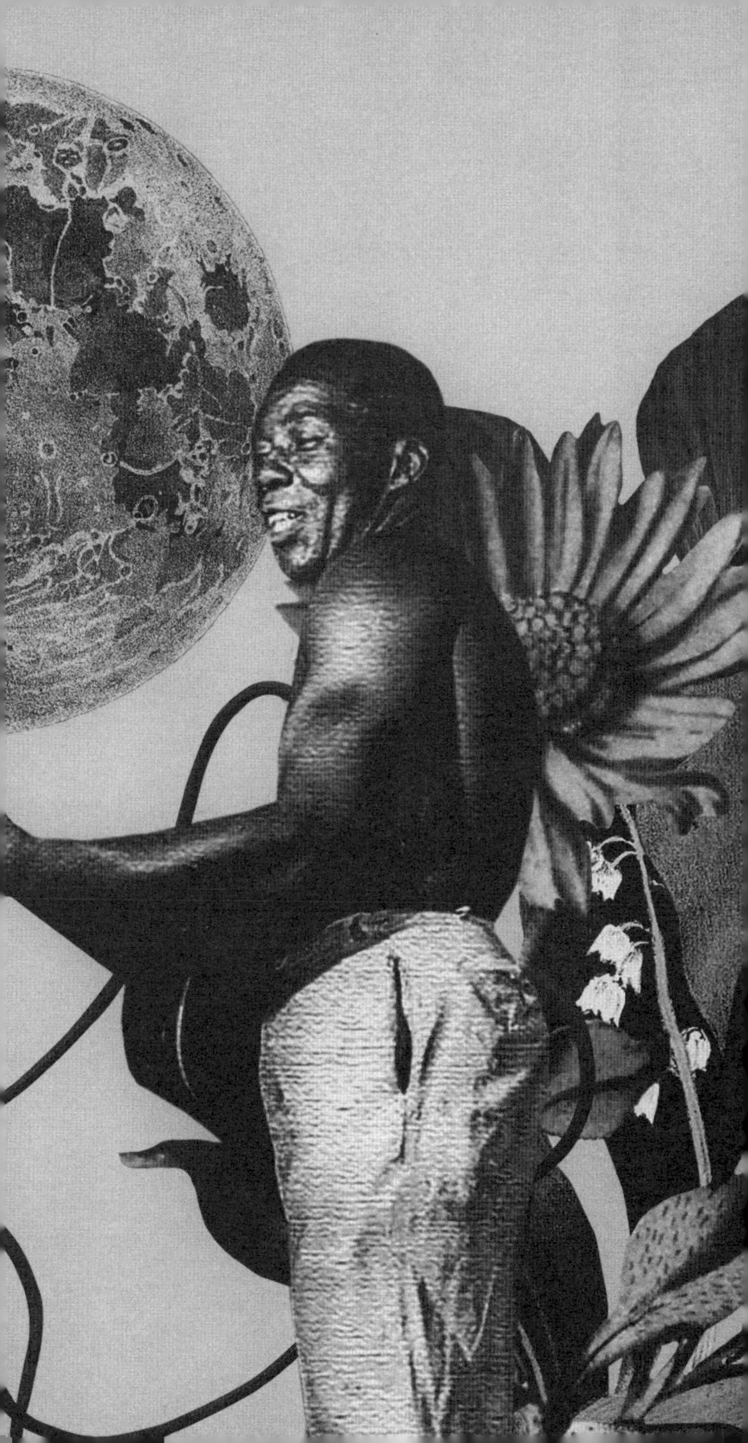

4
cantigas de bem-querença

Poesia das coisas

Se você gosta da poesia das coisas de verdade,
Sempre exercite o olhar
Porque a poesia passa
E ela fica brava se é ignorada na sua sala de estar
Fica chateada, vai embora
Aí tudo fica cinza
Mas não como num dia nublado
Está mais para preto e branco
Como se todo dia fosse um convite para o pranto
Você passa a andar pelos cantos
Tem medo do que os outros estão pensando
Sobra o silêncio, o desespero
E o que você faz?
Começa tudo de novo!
Respira, empurra a rotina para o canto um pouco
Separa todo dia um tempo para procurar a poesia
Permaneça viva!
Deixa uns recados pela casa
Quando você é poesia, não teme mais nada!
Faz do autocuidado um mantra
Até a poesia voltar para sua casa, para a sua vida
Permaneça viva!
Que ela volta e chega "arrastando" na sua porta

Transformando em aquarela o que já foi cinza
E você sorri e diz: poesia, bem-vinda de volta
Diga que nunca mais dará motivos para ela ir embora
E entenda: tem de ter um pouco de loucura para sentir a poesia
Ela é a dose medicinal para você não ficar doente com a rotina.

Felicidade ✕ Ser adulta

Ser adulta é saber tanto a ponto de saber que você não sabe nada

A vida é realmente uma piada

E quem diria que eu estaria aqui tão bem cuidada

O meu amor é o que me resta

Eu não te devo nada

Crescer só pode ser cilada

Porque carrega um monte de sonhos

Mas tem medo de ser feliz

Porque a felicidade parece algo muito grande

Então a gente a deixa empoeirando na estante

Para não correr o risco de dar certo

Vai que a felicidade começa a caminhar por perto

Do nada muda sua vida

E você tão inflexível com uma transformação repentina

Mas e se essa mudança for a felicidade?

Você abriria a porta, ou lhe diria para não gritar assim tão tarde?

Afinal amanhã você acorda cedo

Para viver de novo

O mesmo dia, o dia inteiro

Uma adulta de verdade teria dito:

Vá embora!

É a criança dentro de você que teria aberto a porta

Por sorte

E a felicidade então teria holofote

Será que é coincidência?

Que ser adulta de verdade é descobrir que só crianças valem a pena

Olha a treta!

A felicidade parece tão distante

Que não tenho dinheiro para o almoço e ela seria a sobremesa

Alguém me ensina

Como levar a vida de forma leve

Com felicidades não vividas

Calculei demais

Pensei demais

Bebi demais

Questionei demais

Me entristeci demais

Felicidade, você é tão simples

E eu não me senti capaz

Porque sou adulta

E tem um momento em que a gente só acredita que está viva

Se a vida for dura

Você reparou que os dias mais felizes tiveram beijo?

Do seu filho, do seu marido, da mãe, da crush

Beijo é de uma felicidade elegante

É a felicidade que une os homens aos meninos

Beije como uma mulher

Produza infinitos

E resumindo:

Não te trouxe uma moral da história

Fiz esta poesia só para te lembrar que a felicidade é o agora

Isso! Simples assim

Felicidade, nunca mais saia de mim

Casa comigo, eu digo sim

Entra na minha casa

Entra na minha vida

Mexe com minha estrutura

Sara todas as feridas

Me ensina a ser menos adulta

Felicidade, eu quero que você redefina minha conduta.

Amor, não te conheço, amor

Eu não sei absolutamente nada sobre o amor
Nem eu, nem as músicas, nem os filmes, nem os poetas que versam sobre isso
Ninguém sabe nada
Porque amor é como o início de uma carta
Que você não sabia que escreveria
Amor é toda quebra de rotina
Amor é dançar na chuva
É fazer juras para a lua
É quando um abraço te recarrega
É quando um beijo te deixa sem sentir as próprias pernas
É um tipo de alucinação
O amor é algo tão diferente
Que nele cabe até o perdão
Coisa que é difícil
O amor não exige compromisso
É quando o compromisso simplesmente acontece
Engraçado, porque amor é raro
E de repente aparece
Bem na sua frente
Amor é quando nós olhamos para o lado antes de seguir em frente
Para ter certeza de que o amor caminhará conosco
O amor é seu melhor amigo, sua melhor amiga
O amor é quando uma multidão segue na mesma proposta

No amor não existe dúvida sobre abrir a porta

O amor te transborda

É quando tudo o que a pessoa diz te interessa

O amor não tem pressa

Porque temos todo o tempo

O amor derruba as certezas de dentro

E nem levanta muros

O amor te faz feliz no absurdo

É o único capaz de mudar o mundo

Choramos de saudade

De felicidade

O amor emociona

Mas nem sempre garante a janta

Portanto seja independente

Porque amor grande de verdade mora dentro da gente

Por isso divida o amor consigo mesma

E não confunda amor com carência

Só quem ama enxerga a beleza

Das cores, do afeto, da gentileza

Pessoas gentis nos ensinam a amar

O amor escuta

O amor também briga

Mas como diz Sérgio Vaz

Separe briga de luta

Porque luta é para a vida inteira

E briga tem hora para acabar

Então mesmo que você brigue com seu amor
Não esqueça de chamá-lo para lutar
Porque um mundo melhor existe
Onde todos os amores são livres
Amor é patrimônio nacional, internacional, imaterial
É o Amor quem sempre vence o mal

O amor te faz escrever poesia, reescrever outras frases
O amor te faz poeta
Mesmo que você não acredite nisso de verdade
Amor é poesia
Você tem sorte no amor
Se não dança apenas sozinha
Mas, se dançar sozinha, ame-se
Você é sua melhor companhia
Amar não dói, menina
Amor é coisa boa
É quando você vê a pia limpa
Depois de lavar a louça
Amor é escolha
É doação
Quando você vê alguém usando seu macacão
Aquele que você doou
Mas se só doeu não era amor
Quem nos faz confundir o amor é que é opressor
Nós, não!

Amamos sem moderação
Com muito respeito
Parte do amor
É se tornar duas ou dois
Porque ambos já eram inteiros
Não é preciso ser um só
E amor não é sobre dó
Amor é como uma noite de brindes
Quando todo mundo canta a mesma música
Amor vai ser a sanidade para a loucura
O amor é bonito
Que ele seja infinito
Enquanto dure
E que Vinicius de Moraes e Ney Matogrosso me aturem
Sou poeta
Metade amor
Metade esta poesia incompleta.

Esquerda

Ai de mim
Que mantenho o peito aberto
Nunca sei onde piso
Me entrego
Gosto da mistura dos sorrisos

Ai de mim
Que tenho sonhos tão largos
Me encaixo em qualquer abraço
Me perco na aquarela dos olhos

Ai de mim
Que sempre me jogo
Com força
Com a violência de uma ventania
Ando nua, cheia de utopias
Mais pareço Alice no País das Maravilhas

Ai de mim
Não sei dizer adeus
Não gosto dos fins
Aproveito demais os meios
Me perco tentando achar conserto

Digo te amo como quem passa café

Sempre ao calçar meus sapatos

Tomo doses cavalares de fé

Alterno entre gigantescas felicidades e silenciosas tristezas

Ai de mim

Que sei ser tudo

Menos uma pessoa direita.

Amor de luta é liberdade

Você me deixa em choque!
Apresento sintomas:
Pernas bambas
Coração palpitante
Meus livros acumulando na estante
Dei uma pausa na leitura para sonhar
Você é realidade gostosa de vivenciar
Que delícia sua boca no meu seio
O fato é que quando eu te imaginei dentro
Você já estava
Afinal era nas rodas de poesia que eu te olhava
E não dava em nada
Imagina... sabia nem como dizer
Que queria sua vida e a minha na mesma página
E acabou que aconteceu
Foi numa noite e também foi do nada
A poesia voltou a morar na minha casa
E você se encaixou no meu quadril
Nós na rua de madrugada
Ainda bem que a polícia não viu
Este é o segundo poema
Estou colecionando seus beijos
E o seu cheiro não sai da minha cabeça

Minhas amigas dizem que ando rindo demais
É que depois dos dias difíceis
É libertador encontrar a paz
Você é tão bonito quanto o fim do fascismo
Revolucionário como professores que constroem caminhos
Queria que nossos amassos anunciassem o fim da guerra
A gente nem precisa de anistia
Pois vivemos uma nova era
De tesão e diálogo
Me faz sua amiga, vai
Ter lugar garantido no seu abraço
Que eu não te largo
Faço nosso filme ser o mais premiado
Nas urnas nosso romance vai ser o mais votado
O nosso livro o mais lido
Bora mudar o mundo comigo?
Que do medo eu renuncio
Do sorriso eu me aproprio
Te ver sempre de perto
É o que eu quero de destino.

Tu me plais beaucoup

Queria voltar no tempo

Para contar as estrelas no céu

Na noite que você fez um poema na praia

Para sorrir mais solta

Quando no primeiro beijo mapeei sua boca

Entendi a geografia da sua cama

Naquele mesmo quarto com varanda

Se eu voltasse no tempo

Seria chamego, te lamberia os dedos

Quero voltar no exato momento

Em que eu fazia carinho nos seus cabelos

Não teria a última música

Não teria a última dança

Eu não choraria de saudade

Poderia te ouvir falar sobre suas histórias até tarde

Amanhecer te querendo

Todo dia feito uma reza

Se eu voltasse no tempo

Eu teria ficado mais em silêncio, te olhando

Não teria dito adeus

Teria te convencido de que o meu lugar é o mesmo que o seu

Teria pegado na sua mão quando andamos pelas ruas

Teria dormido todo dia nua

Junto do seu cheiro, oxigênio
Queria poder voltar no tempo
Para mais fotos, mais drinks, mais sambas
Mais poesia, mais sexo, mais prosa
Queria voltar no tempo exatamente agora
E meu peito não estaria tão vazio
Poderia te olhar e dizer que você é
A maior paixão que já me invadiu
Se eu pudesse voltar no tempo
Não teria deixado você ir embora
Teria dito que te amava antes de você trancar a porta
Jogava sua passagem fora
Na vida te convidaria a traçar uma nova rota
Teria insistido na sua permanência
Queria voltar no tempo só para decorar sua cadência
Deixar você ver como te enxergo com beleza
Queria ter te dito o quanto me comove a sua gentileza
Volta tempo! Não apaga minhas certezas!
Me deixa escrever só mais um poema!
Ter mais memórias
Tempo, por favor, volta!
Para me dar a paz que nunca tive
Para me ensinar que amar pode ser simples
Somente assim eu acreditaria
Que temos todo o tempo
Mas, se você tem sido ausência,

Eu sinto medo

Mesmo sabendo que o único que te traz de volta é o tempo

Com paciência te quero

Se não é possível voltar, é no presente que te espero.

Amor de brechó

Estava aqui lembrando do seu cheiro
Da sua boca no meu seio
Daquele jeitão!
É que você não é do tipo com quem preciso ter cuidado
Onde "mete" a mão, pelo contrário
Minhas águas imploram seu toque
Mas você insiste em dar mergulhos rasos e é raro
Quando a gente concorda
Mas na cama a gente combina!
Vida Loka é nós dois no quarto e o tempo ensina
"Meu corpo, minhas escolhas" e é escolha minha sempre te imaginar sem roupa
Vem ser meu homem adulto, independente, vem!
Porque não sou do tipo de mulher que perde tempo com neném
Se você é moleque, nem vem na minha casa
Porque eu gosto de macho bem resolvido que banca as próprias palavras
Eu banco as minhas, sou a CEO da minha vida
E se você sonhar em não comparecer
Eu "bato uma siririca", até porque meus dedos fazem tão bom trabalho
Tanto quanto ou melhor que a sua "pika"
Mas, se sentir saudade, gato, me liga!
E, se falo de buceta, te choco porque eu não rimo "à la" Vinicius de Moraes?
É que não sou falocêntrica, sou bucética
Igual aos orgasmos que me proporciono, porque sou capaz

Poesia marginal periférica, avisa geral que você dispensa imitações
Obrigada por ler meu livro, sou Mariana Felix
Perita na arte de derrubar a estética dos seus padrões!

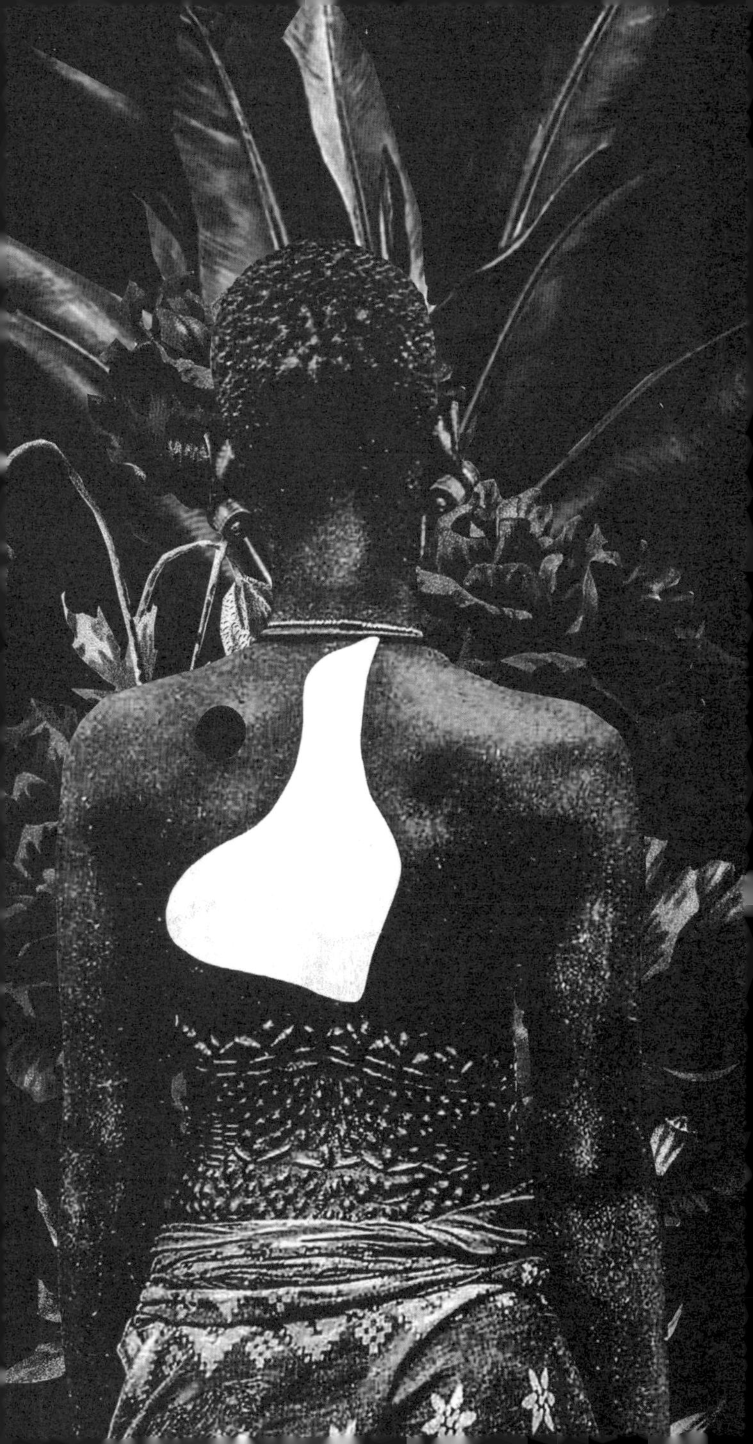

Cantiga de agradecimento

Quando me sentei para escrever este texto foi quase como a primeira vez, mas antes deste livro já publiquei outros três de forma independente, junto de duas grandes amigas que são minhas almas gêmeas, as primeiras pessoas a verem valor na minha literatura de rua, nada erudita, mas que cura. Obrigada, Danielle Martos e Juliana Gomes, por serem poesia, por serem minhas amigas.

Agradeço ao Cláudio Del Puente e à Autonomia Literária por terem publicado meu quarto livro, pela oportunidade do meu primeiro registro literário.

São dez anos de poesia marginal, nas escolas, nas ruas, nos bares, nas praças, saraus e slams. São dez anos da minha vida ofertando literatura ao país, incentivando a escrita e a leitura, e apoiando o ensino e as escolas.

Agradeço aos quatro slams que marcaram muito a minha trajetória: *Slam da Guilhermina* pela amizade e pelo trabalho tão bonito no projeto em que fui poeta formadora por cinco anos; *Slam Interescolar* (ganhador do Jabuti 2022, na categoria de inovação no incentivo à escrita e à leitura); *Slam Resistência* que me proporcionou a maior visibilidade que já tive na vida, pelos vídeos-poemas que viralizaram nas redes sociais; e *Slam das Minas* por me ensinar tanto sobre afeto e sobre o verdadeiro e mais leal significado do "tamo junta".

Agradeço ao Guilherme Boulos e à Natália Szermeta por me acolherem no PSOL e me incentivarem à maior mudança da minha vida, que foi me candidatar como Deputada Estadual em 2022 pelo meu estado, São Paulo, representando a poesia marginal periférica e os movimentos de saraus e slams de que faço parte. São dez anos de muito aprendizado, choro, luta, entrega, amizades, treta, beijos, amores, brindes, prêmios, vitórias, derrotas, medo, coragem e sonhos realizados. Não mudaria nada. Nem as denúncias que fiz dos poetas "tão bons" e abusadores, nem a resistência que tive ao receber tantas ameaças de morte, por lutar pela vida das mulheres, por acreditar em uma política mais generosa e sensível. Não mudaria nada, nem mesmo as vezes em que sangrei carregando violências maiores do que eu podia aguentar, porque vieram com os inúmeros abraços que recebi das mulheres que dizem que minha poesia salvou suas vidas. Não mudaria nada, agradeço cada batalha de slam que ganhei, cada troféu que guardei, cada poeta que vi nascer, cada livro que incentivei uma poeta a fazer. Não mudaria nada, nem a distância que fiquei da minha família, por estar todos os dias nas ruas persistindo e sendo poesia. Não mudaria nada, pelo contrário, faria tudo de novo, exatamente do mesmo jeito. Foi essa trajetória que me trouxe até aqui, até este livro, até esta felicidade.

Obrigada, Alexandre Martins Fontes, por ouvir com atenção e respeito sobre a poesia que está além da academia e por esta publicação. Agradeço ao Rodrigo Monteiro por ser uma pessoa tão generosa, íntegra e concretizar sonhos.

Cada pessoa a quem agradeço aqui fez parte dessa trajetória que vivi e pela qual tenho muito respeito e orgulho. Não mudaria nada. Mas, pensando bem, não faria tudo de novo. Carrego comigo a responsabilidade de tentar fazer mais e melhor. Não por mim, mas pela poesia, ela merece. E, como diz o *Slam do 13*, é ela que sempre vence. E amo ser parte de sua vitória.

E agradeço a você, por abrir este livro. Espero que esta leitura seja um encontro feliz, espero que lhe faça poema, mas principalmente, se você tiver sorte, que lhe faça poesia.

Com muito carinho,
Mariana

Acesse o canal da autora no YouTube
e assista aos vídeos dos poemas deste livro.

GRÁFICA PAYM
Tel. [11] 4392-3344
paym@graficapaym.com.br